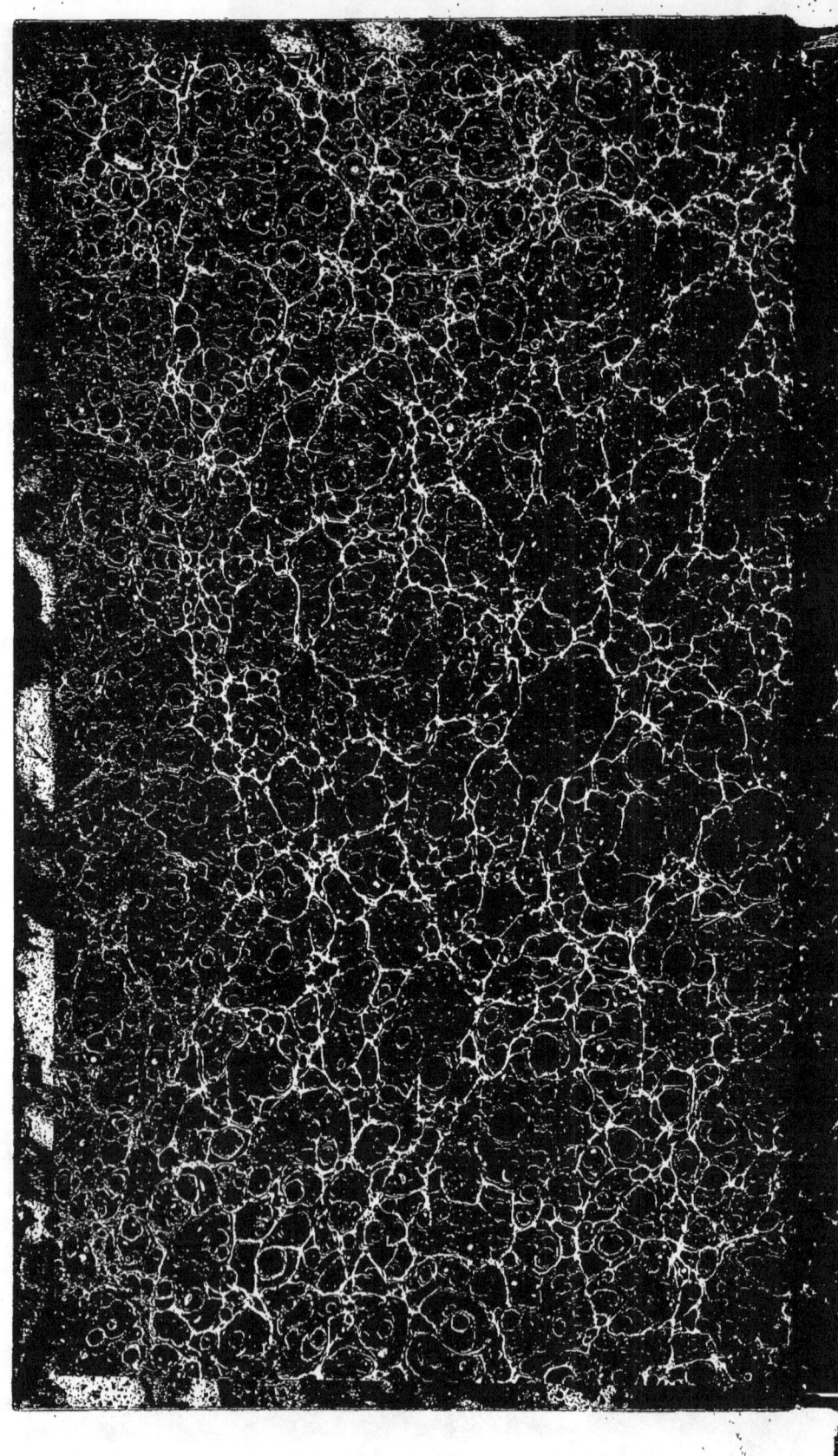

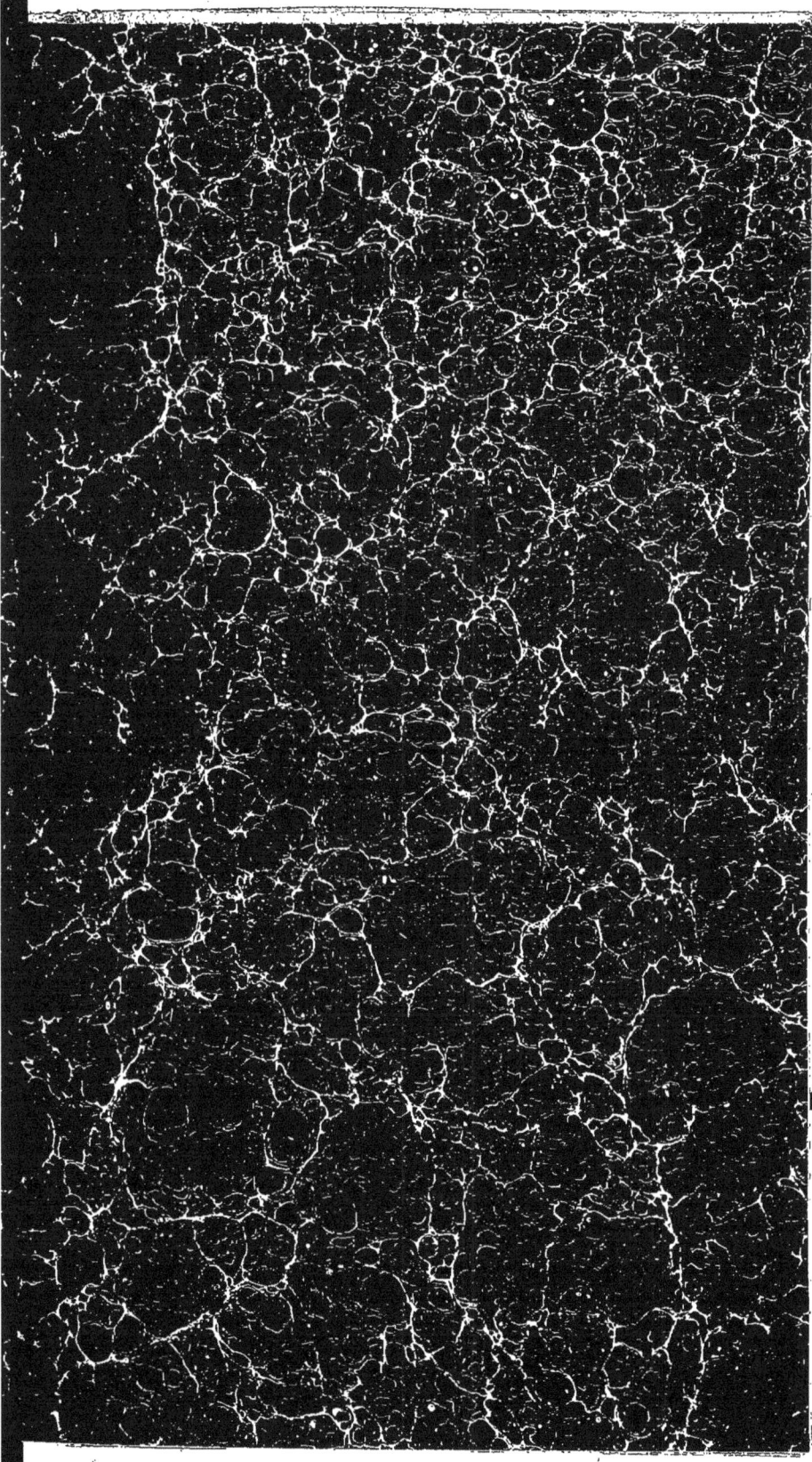

Avec deux gravures ajoutées.

CARTES GÉOGRAPHIQUE
Du pays et des environs De l'isle de la forêt noire.

DESCRIPTION

Topographique, Historique, Critique et Nouvelle du pays et des environs de la FORÊT-NOIRE, situés dans la province du MER-RYLAND.

Traduction très-libre de l'anglais.

A bon entendeur, salut.

A BOUTENTATIVOS,

Chez les Veuves Sulamites, aux petits Appartemens de Salomon.

L'AN DU MONDE 100,700,700,000.

AVIS DE L'ÉDITEUR.

CE siècle est certainement celui des sciences et des arts, malgré tout ce qu'en disent des détracteurs de mauvaise humeur, dont quelques-uns font eux-mêmes preuve contre ce qu'ils voudroient persuader. Depuis cent ans, les connoissances de toute espèce se sont considérablement multipliées et répandues. Tout le monde parle à présent au moins deux ou trois langues, lit beaucoup, écrit quelquefois, fait de la prose passable, même quelques petits vers, fait un peu de musique, de physique, d'histoire et de géographie.

Cette dernière science nous paroît sur-tout d'une grande utilité, aujourd'hui que toutes les parties du monde connu sont comme enchaînées les unes aux autres; que la moindre secousse donnée à la partie A, répond aussi-tôt à la partie Z, et peut y causer les plus étranges effets.

Il serait donc à désirer que la jeunesse se donnât avec application aux connaissances géographiques, qu'elle ne se bornât point à s'en procurer de superficielles, mais qu'elle voulût acquérir toutes celles qu'il est possible d'avoir en cette partie. Il faut avouer aussi qu'il lui serait assez difficile de satisfaire ce louable désir, si d'excellens livres ne lui en fournissaient les moyens, et c'est précisément ce qui nous manque.

Ce que nous avons eu jusqu'à présent sur cette matière n'est point assez détaillé : tout y est traité sommairement. Vous y apprendrez bien la situation d'un pays étranger ; mais vous ne saurez rien de l'endroit où vous êtes né. Afin de détruire désormais cette ignorance, il serait à propos que les académies de chaque province proposassent tous les ans un prix pour la meilleure description de telle ou telle ville dépendante de cette province, et qui devrait toujours être faite par un des concitoyens. Ainsi se formerait peu-à-peu un recueil topographique complet de tout le royaume ; ensuite on passerait aux pays étrangers, et l'instruction deviendrait facile et générale.

Il semble que les Anglais ont déjà eu cette idée ; ils ont publié une description très-étendue d'une petite province qu'ils appellent *Merryland*; elle paraît faite dans l'intention qu'on vient de proposer. L'on s'est déterminé à la traduire comme un exemple bon à suivre.

On prie le Lecteur de se souvenir que ce n'est pas un jeu de l'imagination qu'on lui présente; on n'a point voulu l'orner de fleurs artificielles, cela ne convenait pas au sujet qui tient tout à la nature. D'ailleurs, c'est une espèce de traduction, dont le style sera peut-être trouvé dur; mais ce n'est pas un défaut, dit-on, en traitant une matière de ce genre, qui exige plutôt un raisonnement solide que des phrases frivoles bien symétriquement arrangées, et qui, dans le fond, disent peu de chose.

DESCRIPTION

Topographique, Historique, Critique et Nouvelle du MERRYLAND.

CHAPITRE PREMIER.

Du nom de cette Province, et d'où il dérive.

Tout change et doit changer dans le cours des choses humaines, sur tout ce qui dépend des femmes, et la province que nous allons décrire, est sous leur domination immédiate. Il n'est pas jusqu'aux noms de plusieurs pays qui n'aient souvent varié; en sorte qu'ils sont aujourd'hui bien différens de ceux qui désignaient autrefois les mêmes contrées. J'en citerai, pour exemple, le *Boristhène*, qui a troqué ce nom grec, ancien et si doux, pour celui de *Niéper*, terme russe, dur et nouveau.

Le *Merryland*, semblable en cela à beaucoup d'autres contrées, a aussi été connu sous un grand nombre de dénominations diverses; et, peut-être, en peut-il compter autant qu'il y a d'endroits de la terre où l'on parle de lui. Mon dessein n'est pas d'ennuyer, d'excéder ici mon Lecteur par la longue liste de ces noms, ni de faire une dissertation fatiguante pour décider lequel lui convient le mieux : qu'il suffise qu'on l'appelle ici *Merryland*, ainsi nommé (suivant ce que nous ont dit les plus savans amateurs de *médailles*), du mot grec *τοπχου*, c'est-à-dire, j'inonde de parfums, *unguentis inungo*, faisant sans doute allusion à la nature onctueuse du terrain, ou bien à la pratique singulière de quelques peuples qui l'habitent, dont les historiens rapportent, *in lætitiá unguentis utebantur, erantque remorisrénos*, c'est-à-dire, *unguentis et oleo delibuti*.

Ce

Ce pays s'appelle en français terre de joie, du mot grec *Agallirou*, c'est-à-dire, *lætitiá exulto*. Toutes ces dérivations me semblent également probables, et ont beaucoup de rapport avec les plaisirs que l'on goûte dans plusieurs parties du Merryland, desquels nous ferons une ample mention dans les chapitres suivans.

Je ne prétends cependant point donner toutes ces étimologies comme certaines. C'est une chose trop intéressante pour tout le monde, pour rien hasarder légérement sur un semblable sujet, et je crois qu'il est bien plus prudent de le soumettre aux judicieuses dissertations, et aux infiniment respectables arrêts de la société utile et savante des antiquaires de Paris. Je suis, néanmoins, dès-à-présent, persuadé de la juste étimologie des noms qu'on donne au *Merryland* en haut allemand et en hollandais. Les premiers le nomment *Froolish-land*, et les seconds *Droolish-landt*, ce qui signifie la même chose ; et, selon moi, suffit pour terminer toutes les disputes sur une matière d'une conséquence aussi sérieuse.

CHAPITRE II.

De la situation du Merryland.

Le *Merryland*, ou *Terre de joie*, est la portion d'un vaste continent, borné dans sa partie haute, autrement dit au nord, par une petite montagne appellée M. N. S. V. N. R. S. *(a)*.; à l'est et l'ouest, par le *C. x. s. n.* et le *C. c. d. x. t.* et au midi, ou dans la partie basse, il est ouvert à la *terre-ferme*.

Il est à remarquer que la longitude et la latitude de ce pays n'ont encore pu être fixées à un dégré certain, et tous les observateurs, même foiblement attentifs, ont reconnu, quoique cela pa-

(a) *Mons Veneris.*

roisse d'abord étrange, qu'il y a une aussi fréquente variation dans la longitude et la latitude du *Merryland*, que dans la longueur et grosseur du *Compas-marin* dans les autres parties du monde. Je pense bien que le lecteur qui sera tout-à-fait étranger dans cette province, remplie de phénomènes, aura quelque peine à croire celui-ci; mais ceux qui connoissent passablement cette contrée, sont si éloignés de démentir ce que je rapporte, que j'oserois parier qu'ils le constateroient par leurs propres expériences, s'il étoit nécessaire. Mais en attendant les leurs, citons ici les miennes.

J'avertirai donc ici le lecteur *civil et honnête*, que, dès ma première entrée dans ce délicieux séjour, je fis tout ce qui dépendoit de moi (non moins curieux en cela que bien d'autres) pour acquérir une connoissance parfaite de la position du *Merryland*. Je le considérai sous tous ces différens points de vue, et j'examinai avec la plus scrupuleuse attention tout ce que l'art et la nature purent m'y offrir de remarquable. Ce sont ces soigneuses observations que je vais communiquer au public.

Entre beaucoup de choses, je m'appliquai à connaître la longitude et la latitude du pays, et je puis dire que mes remarques ne furent pas chargées d'une multitude d'erreurs, d'abord parce que je joignis souvent la pratique à la théorie, ensuite, parce que j'opérois alors avec le meilleur instrument possible ; c'étoit une longue *fleche* en fort bon état. Il est démontré qu'à mon entrée au *Merryland*, mon instrument n'étoit inférieur à aucun. Mais quelques années après, m'étant encore rencontré directement dans le même endroit, et répétant mes expériences, je trouvai que la longitude et la latitude avaient augmenté de plusieurs dégrés, quoique je fusse au même point d'observation, et que je me servisse du même instrument que la première fois. Peut-être on soupçonnera que ma *fleche* avoit dégénéré, ces sortes d'instrumens étant assez sujets à s'endommager par le temps et le fréquent usage; mais le mien s'étoit admirablement bien conservé, quoiqu'il m'eût très-souvent servi; le soin que je me suis toujours piqué d'en avoir, l'avoit maintenu dans son état de perfection autant que jamais, et même aujourd'hui j'oserois le présenter comme très-passable, quoiqu'il ait quelques années de plus, et que pendant tout ce temps il n'ait pas resté dans son étui, mais que je l'en aie tiré bien des fois à ma grande satisfaction, et à celle de plusieurs autres.

Que la longitude et la latitude de cette terre augmentent considérablement avec le temps, c'est donc un fait qu'on peut contester. Laissons à d'autres à dire comment s'opère ce phénomène; cela mériteroit bien une attention toute particulière de la société royale de *Lon-*

dres. Nous nous contenterons de dire avec *Virgile.*

Felix qui potuit rerum cognoscere causas.
Heureux qui des effets peut connaître les causes.

J'ajouterai cependant pour l'instruction de ceux qui ne voudront rien ignorer à ce sujet, que selon moi, et toujours d'après l'expérience, cette augmentation surprenante ne manque jamais d'arriver, lorsque la terre a porté des fruits, et telle est la suite inévitable de deux ou trois récoltes, que vous auriez alors beaucoup de peine à reconnoître le même endroit que vous cultiviez auparavant; le plus triste, c'est que la fécondité d'un terrein n'est pas la seule cause de cette variation dans son étendue; le seul labour, fréquemment répété, quoique le sol ingrat ne rende rien, ou que vous ne veuilliez pas lui confier de semence, produit à-peu-près le même effet. Ce changement n'est pas absolument agréable, et plus les dégrés de longitude et latitude augmentent, moins les habitans de ce lieu peuvent s'y procurer de satisfaction. Quelques gens d'un talent précieux, et sur-tout *bien estimable*, ayant réfléchi sur cet inconvénient, avaient trouvé plusieurs méthodes pour diminuer les dégrés de latitude, quand ils sont trop nombreux, et rétablir par ce moyen le *Merryland* dans son premier état. D'abord plusieurs personnes se sont laissées duper par leurs pratiques, mais leur crédulité ayant donné matière à beaucoup de plaisanteries, il n'y a plus que quelques seigneurs allemands qui soient aussi facilement trompés.

Je n'ai pas besoin de m'étendre davantage pour faire toucher au doigt et à l'œil la situation de cet endroit; j'observerai seulement qu'on peut suivre la méthode du fameux M. *Patrix Gordon*, qui, dans sa grammaire géographique, nous indique la connoissance de son antipode, comme le plus sûr moyen de savoir la vraie position d'un pays, et je vais finir ce chapitre, en instruisant mon lecteur curieux, que les avis sont partagés sur l'endroit où il faut le prendre. Les uns prétendent que l'antipode du *Merryland* est la partie saillante du continent, appellée P. D. X., connue en haut allemand sous le nom de *Deraslosch*. D'autres disent que c'est le point le plus reculé du promontoire C. P. T. Mais comme mon intention n'est pas de m'engager ici dans aucune dispute, mais plutôt de me resserrer dans ce que mon sujet exigera de moi, je laisse cette question des antipodes à ceux qui ont du goût pour ce chemin détourné ; je dirai néanmoins qu'il y a des gens qui donnent la préférence (certainement à tort selon moi) au P. D. X. Les géographes italiens aiment sur-tout cette route; quelques hollandais la pratiquent à leur exemple, depuis quelque temps, et plusieurs anglais passent volontiers par-là.

CHAPITRE III.
De l'air, du sol, des rivières, canaux, etc. etc. etc.

On respire au *Merryland* un air très varié ; il est extrêmement pur dans quelques cantons, et dans les autres grossier, même pestilenciel. On peut le dire semblable en général, à celui de la Hollande, presque toujours épais et chaud, à cause des fréquens brouillards qui s'élèvent des différens lacs et canaux ; il ne déplait pas aux habitans, quoiqu'il soit quelquefois peu salutaire. Dans les provinces les plus saines il convient à la jeunesse et aux tempéramens vigoureux ; mais il est véritablement pernicieux pour les vieillards et les pulmoniques, surtout s'ils le respirent trop souvent, en se laissant séduire par l'attrait enchanteur d'un lieu dont on peut dire avec Salomon,

O amour, que dans ton sein quels charmes tu renfermes !

Le climat est généralement chaud, et quelquefois si brûlant, que les étrangers qui viennent inconsidérément l'habiter, s'en retournent souvent très-incommodés ; plusieurs même en ont perdu la vie. Il n'existe pas de maladie plus à craindre que celle que fait contracter l'air corrompu du *Meryland*. Les curieux pourront la voir décrite, avec tous les effrayans symptômes, dans le livre d'un savant, nommé *Curtas* : et dans celui *de proprietatibus rerum* de *Bartholomée Glanville*, traduit en anglais, l'an 1398, par *Jean Trévisa*, Vicaire de *Barkeley*.

Mais quoique le danger soit très-connu, les charmes du pays vous entraînent au point que beaucoup de gens y entrent, ou plutôt s'y précipitent sans précaution ; il n'est pas jusqu'à ceux qui ont déjà été victimes de leur imprudence, qui n'en commettent une autre avec non moins d'ardeur, dès qu'ils sont guéris des funestes effets de la première. Étonnante et dangereuse folie ! c'est-là le cas où l'on peut bien dire en paraphrasant :

De plaisirs en regrets, de regrets en plaisirs,
Les mortels imprudens agitent leur folie :
Pour combler un seul jour de passagers désirs,
Ils risquent leur santé, leur fortune et leur vie.

Mais les malignes influences du *Merryland* ne sont pas si pénétrantes qu'on ne sache s'en garantir avec quelques précautions, et si efficacement même, qu'on peut, sans rien craindre, se hasarder à entrer au *Merryland*, dans les plus mauvaises saisons, et même dans les provinces les plus infectées. A cet effet, il faut avoir soin de se servir toujours d'une certaine redingote très-commode, uniquement propre au pays : elle est faite d'un tissu très-fin, tout d'une pièce et sans couture.

L'utilité de ces redingotes pour ce climat, a été si universellement reconnue, qu'un auteur de nos jours n'a pas dédaigné de faire un poëme entier, pour en publier l'éloge et en recommander l'usage constant.

Ce climat tombe quelquefois dans le dégré opposé de cette chaleur, qu'on peut cependant dire lui être toujours inhérente ; car lorsque le froid s'y glisse, ce qui arrive rarement, c'est un fort mauvais signe qui en dégoûte bientôt les habitans et les oblige à se retirer. En général cette contrée est assez chaude, et si agréable que le voyageur qui peut y arriver, sent des transports inexprimables du plus loin qu'il la découvre, et qui augmente à mesure qu'il en approche. Bien plus ! qu'un homme y rêve seulement, il se trouve noyé dans un torrent de délices ; en un mot, c'est la région du monde entier la plus attrayante. Un poëte l'a peint ainsi ;

*Quam neque concutiunt venti, neque nubilæ
  nimbis
Aspergunt, neque nix acri concreta pruind
Cana cadens violet, semper que innubilus æther
Contigit, et latè diffuso lumine ridet.*

Jamais les vents fougueux n'ébranlent cet
  empire :
On ne voit point la grêle en souiller le terrein,

L'on se sent ennivré de l'air qu'on y respire,
Et l'on pleure toujours en sortant de son sein.

Cependant j'avouerai que les expressions du poëte me paraissent un peu hyperboliques, et quelque partisan que je paraisse de ce pays, je ne serai point assez partial pour donner l'essor d'une imagination poëtique, comme devant être prise à la lettre; toutefois les plus savans commentateurs ont dit, pour accorder ceci avec la vérité:

Crescit in immensum fœcunda licentia vatum.
    Le poëte a des droits immenses
    Pour multiplier ses licences.

Le *Merryland* étant situé fort bas, on en peut encore dire, comme M. Gordon de la *Hollande*, le terrein en est naturellement humide et marécageux. Les endroits les plus habités sont cependant les plus arrosés. Les naturalistes nous disent que cette moiteur humide contribue beaucoup à la fructification; il est du moins reconnu que les terreins secs rapportent rarement, et ne donnent pas beaucoup de satisfaction au laboureur.

Les champs qui n'ont pas encore été défrichés, où la bêche n'a point enfoncé, où le soc de la charrue n'a point formé de sillons, sont les plus estimés ; il y a des gens qui payent ces terrains vierges au poids de l'or.

Ce charmant pays est arrosé par une rivière qui prend sa source dans le réservoir d'un canton voisin, appellé V. S. Ca. *(a)*. et qui se décharge avec un cours impétueux, par une cataracte, vers la terre ferme, proche l'entrée d'un gouffre. Je parlerai plus particulièrement de cette rivière dans quelqu'autre chapitre.

Un spacieux canal passe par le milieu du pays, et prend presque d'un bout à l'autre. Quelques auteurs prétendent qu'il n'a point de fond, et j'avouerai, à l'honneur de la vérité, que je ne l'ai jamais pu trouver, quoique j'aie moi-

---

(a) Vessie, Canalis.

même sondé bien avant : peut-être néanmoins que si mon cable eût eu quelque chose de plus, j'aurois touché ce fond si recherché, où personne n'a jamais pu parvenir.

Il n'est pas que le lecteur n'ait entendu parler des puits de *Salomon*, qui, semblables au canal que je viens de citer, étoient, dit-on, sans fonds. La tradition nous apprend que c'était une rivière qui passoit sous la ville, et que ce sage roi avait découvert. Voyez *de Bruyn*, *Voyage au levant*. Je ne sais si on ne feroit pas bien d'appeller aussi ce canal, le canal de *Salomon*, d'autant mieux que personne n'ignore que ce roi connoissoit parfaitement le *Merryland*, et qu'il a même fait beaucoup de dépenses pour huit cent de ses provinces, par où passe ledit canal.

Toute l'humidité superflue de cette région se rend dans cet endroit : il est aussi comme un grand chemin par où vient tout ce qui doit pénétrer dans la partie haute. Tout ce qu'on sème au *Merryland*, est porté par-là au grand magasin supérieur ; enfin, rien n'entre au pays que par ce lieu de communication. On se figure aisément que cela doit faire une place d'un grand commerce. Nous pouvons dire de ce canal, ce que le docteur *Cheyne* disait de son *tube alimentaire : c'est un conduit commun, qui peut s'engorger et se nettoyer de plusieurs manières fort faciles; il est assez ouvert et raisonnablement fort.*

La terre du *Merryland* demande toujours de l'engrais, plus ou moins, pour être fertile : on voit cependant des endroits où elle porte deux ou trois récoltes à la fois. Un voyageur hollandais, que je ne crois guères, nous assure avoir vu un canton qui a fourni autant de récoltes, qu'il y a de jours dans l'année, mais c'est un fait qui paroît apocryphe.

D'autres provinces sont absolument stériles, et l'on a beau bêcher, fouiller,

arroser

arroser la semence n'y produit aucuns fruits. Le caprice de quelques-uns des habitans du *Merryland* est souvent tel, qu'ils choisissent de préférence ces terres infertiles que vous arrosez vainement de vos sueurs, et qui ne payent pas le labour. Ces gens, il faut l'avouer, ne manquent pas de raisons pour justifier cette façon de penser ; ils la fondent sur les inconvéniens qu'occasionne une terre de trop grand rapport. N'est-il pas triste pour un pauvre homme d'avoir beaucoup de fruits, et de ne savoir où les loger ? S'il les laisse périr, c'est un misérable banni de la société. Ce cas est embarrassant ; car, ce qui est singulier, le maître de la moisson ne peut la vendre tout de suite, il faut qu'il la garde plusieurs années avec beaucoup de soins et de dépenses, pour l'entretenir saine et sauve, la préserver de tout ce qui pourroit l'altérer, l'échauffer, la corrompre, avant qu'elle puisse le récompenser de ses travaux. Tristes réflexions pour de pauvres fermiers.

C

Ces fâcheuses considérations sont cause que bien des gens empêchent leur semence de germer, ou la font périr avant qu'elle parvienne à maturité. Mais ces pratiques sont très-condamnables, les malhonnêtes gens seuls s'en servent, et même lorsqu'on le sait, on les punit de mort. Il n'en est pas moins vrai que plusieurs ont été contraints de s'enfuir, pour se dérober aux embarras d'une grande moisson, et au chagrin journalier de la voir insensiblement dépérir sous leurs yeux.

D'un autre côté, il y a bien des gens qui se disent misérables au sein de l'opulence, et ne peuvent être sensibles à aucun plaisir de cette vie, parce que leur terre est stérile. Étrange contradiction ! ce qui fait le bonheur des uns, est le tourment des autres.

Kircher nous parle d'une montagne au *Chekican*, où l'air est si pur, et le sol si gracieux, que les tigres mêmes y deviennent doux. Je pense que cette montagne est de même espèce que le *Merryland*, qui possede supérieurement cette qualité surprenante de savoir promptement appaiser ceux qui semblent les plus menaçans. Il est vrai que d'abord il rend un homme furieux, mais il s'adoucit de telle manière, qu'il lui fait bientôt baissser la tête, en signe de défaite et d'humilité.

Je finirai ce chapitre du sol du *Merryland*, en m'écriant : « ses vallées sont » comme celles d'Eden, ses montagnes » comme le Liban, ses fontaines comme » *Pisgah*, ses rivières comme le Jour- » dain : c'est un paradis de volupté et » un jardin de délices ».

CHAPITRE IV.

Des places fortes et lieux remarquables du Merryland.

LE lexicographe arabe, cité par *Shultens* dans son commentaire géographique, à la fin de son édition de la vie du sultan Salhaddin, observe avec beaucoup de justesse que les bornes du *Merryland* nous sont absolument inconnues, les plus grands voyageurs n'ayant jamais pu y atteindre ; apparemment parce que ceux qui veulent entreprendre cette belle découverte, sont obligés d'y marcher dans l'obscurité.

Outre les parties qui nous sont familières, et dont on nous a souvent donné la description, il en existe encore que nous ne connoissons que très-peu, quoique quelques auteurs aient prétendu nous en avoir rendu un compte exact ; mais ils n'avaient d'autorité que la leur, et de guide que leur imagination. Ce serait grossir immensement ce volume, et sans beaucoup d'utilité, que de s'arrêter ici à traiter de chaque partie en particulier ; je ne parlerai donc que des plus remarquables qui sont celles-ci.

Premièrement, à la fin du grand canal, vers la terre ferme, vous rencontrez deux forts, appellés L. B. A. *(a)*. entre lesquels il faut nécessairement passer, pour arriver dans l'intérieur du pays. Les fortifications n'en sont pas extrêmement susceptibles de défense, quoiqu'il y ait courtine, ouvrage à corne, remparts, etc. Elles peuvent bien, si vous voulez, défendre quelque temps l'entrée ; mais rarement, ou jamais, elles n'ont su soutenir une attaque vigoureuse.

2°. Près de ces forts, on trouve la Métropole, ou la capitale appellée (*b*). C. L. T. R. S. Cette partie est la plus précieuse aux femmes, parce qu'elle donne les plaisirs les plus vifs aux reines du *Merryland*, sans elle, sans cette place voluptueuse, elles ne se soucieraient pas du reste de leur empire ; elles y sont si attachées, qu'on peut dire que c'est-là où leur ame réside. Elles ne goûtent véritablement de plaisirs que dans cet endroit charmant ; c'est le

---

(a) Labia.
(b) Clitoris.

théâtre de leurs sensations les plus voluptueuses, le siège, le trône de la félicité; il est vrai que pour se la procurer, il faut bien des manœuvres. Le repos et l'indolence y sont absolument contraires, et empêchent le bonheur qui n'attend que d'être sollicité pour combler les princesses de ce délicieux empire.

3°. Avant d'entrer au pays on trouve deux barrières appellées (c). N. M. P. S. près des bords de la grande rivière. Elles ont quelquefois arrêté les plus vives attaques et les plus habiles ingénieurs, et souffert tous les chocs avec une constance qui obligeoit les assaillans à se retirer avec perte et confusion. Cependant elles ne résistent guères au delà d'un premier assaut; ensuite elles admettent l'ennemi dans le corps de la place sans aucune opposition.

4°. A l'extrêmité supérieure du canal, dont on a déja parlé, il existe un ma-

---

(a) Nimphes.

gasin précieux appellé (a). L'U. T. R. S. Plaute nous en donne cette définition.

Item esse reor
Mare ut est, quod das devorat nunquam abundat
Des quantùm vis.
Il est comme la mer, ce qu'on donne il dévore,
Vous en donneriez trop qu'il vous diroit, encore.

Ce magasin est d'une construction toute particulière ; il faut aller au *Merryland* pour en trouver de pareils. Il ressemble dans sa forme à une bouteille dont le col est en bas, et si admirablement fabriqué, que ses dimensions sont toujours en raison de ce qu'il contient, c'est-à-dire que sans art ni violence, il s'élargit ou diminue, à mesure que ce qu'on y dépose, cube plus ou moins.

5°. Beaucoup d'auteurs parlent d'une autre partie de cette contrèe, que l'on nomme (a).L.H.M.N. Elle a été parmi les savans un très-grand sujet de dispute ;

(a) *L'uterus.*
(b) *L'Hymen.*

les uns ont nié que l'on puisse trouver un endroit de ce nom, et ont prétendu démontrer l'impossibilité de son existence. D'autres ont positivement assuré qu'ils l'avaient vu. Pour moi, après les plus pénibles recherches, je n'ai jamais rien pu trouver de satisfaisant là-dessus; et les voyageurs les plus exacts et les plus raisonnables, disent que si jamais cet (*a*). H. M. N. a existé, le temps, ou les accidens l'ont détruit au point que dans les derniers âges on n'en a pu trouver aucun vestige, selon ces paroles d'un poëte. *Etiam ipsæ perire ruinæ, et jusqu'aux ruines ont péri.*

Ce serait une inexactitude impardonnable assurément, si j'allais oublier une montagne appellée (*b*). M. N. S. V. R. S. qui domine tout le pays, Elle est aussi sujette à un effet fort singulier, (car tout est phénomene dans le *Mer-*

(*a*) *Himen.*
(*b*) *Mons veneris.*

ryland).

ryland). Elle s'enfle et se baisse tour-à-tour. L'intumecence est bornée dans son temps et ne dure au plus que neuf mois, au-lieu que l'état naturel * n'est pas borné dans sa durée.

Une partie de cette montagne est ombragée par une épaisse forêt qui descend le long des côtes, et semblable à celle dont parle M. *Chamberlayne*, paroît n'avoir été mise là que pour varier les plaisirs du chasseur.

Voilà les lieux principaux qui méritent l'attention des voyageurs. Je m'étois d'abord proposé d'ajouter une carte du *Merryland*, pour donner une description complette de ce beau pays; mais ayant considéré que cela augmenteroit considérablement le prix de cet ouvrage,

---

* Il ne faut pas conclure de l'épithète *naturel* que nous donnons ici à cet état, que l'autre soit *contre nature*; mais c'est seulement parce qu'il est l'état le plus ordinaire de la montagne.

Nous avons cru nécessaire, pour éviter absolument toute méprise au Lecteur.

D

j'ai mieux aimé renvoyer mon lecteur à celle que M. *Moriceau*, qui a beaucoup voyagé, nous en a donnée, burinée, et dont il a veillé la gravure avec un soin tout particulier. Le lecteur y verra les différens endroits et leur situation exactement dessinés, et il faut rendre à M. *Moriceau* la justice d'avouer que la carte géographique qu'il a bien voulu nous donner du *Merryland*, en fait naître une meilleure idée, que celle qu'on peut se former sur une simple description.

CHAPITRE V.
Des anciens et nouveaux habitans, de leurs manières, coutumes, etc.

L'ON sait que le *Merryland* fut habité dès la chûte d'Adam, et que sans ce premier père il n'auroit pû s'y former de colonie. Après lui les patriarches en cultivèrent le terrein avec soin. David et Salomon y firent de fréquens voyages, un nombre infini de nos rois ont honoré cette contrée de leur auguste présence et de leur protection spéciale. François premier chez les français, Charles second chez les anglais, furent avec le *Merryland* dans une étroite alliance ; ce qui le mit de leur temps extrêmement en honneur. Il ne fut pas méprisé de leurs successeurs ; quelques uns d'eux y ont goûté bien des plaisirs, et très-souvent le succès des affaires qui se traitoient à leurs conseils, dépendoit de l'état où étoient les choses dans la partie du *Merryland* qu'ils avoient le plus affectionnée.

Nous avons eu des ministres qui s'inquiétoient beaucoup moins de ce qui regardoit leur patrie, que de ce qui concernoit leur contrée, et qui prenoient plus de soin pour en conserver les dépendances en bon état. Plusieurs évêques aussi préféroient à leur évêché un bénéfice à simple tonsure dans le *Merryland*.

A présent ses habitans sont sans nombre, de tout état, de toute religion, de toutes nations, ce qui en doit varier nécessairement les mœurs et coutumes. Les uns, sacrifiant tout aux plaisirs, le respirent sur leur visage, l'excitent par leurs manières : ils sont hardis, téméraires, quoiqu'ils deviennent ensuite bas et rampans, abattus, accablés par un exercice au-dessus de leurs forces. D'autres sont autant adonnés au plaisir dans le particulier, et rafinent même sur la variété et le choix, qu'ils affectent au dehors une gravité sévère et une imposante retenue.

Il en est qui, ne pouvant entrer dans aucune province du *Merryland*, l'esprit rempli des plaisirs qu'on y goûte, se les procurent en quelque façon eux-mêmes, par un secret qu'ils tiennent d'un dieu. Combien qui, aimant la liberté, vont par-tout faire l'éloge de l'inconstance. Ceux-ci, qui par-tout ailleurs, étaient partisans de l'économie et de la frugalité, quand une fois ils sont dans le

Merryland, donnent tout ce qu'ils ont, souvent le fruit de longues épargnes, ne réservent rien, et se glorifient même de cette prodigalité. Ceux-là font trophée de leurs forces et de leur port superbe, ils lèvent leurs têtes altières, et se vantent par-tout que rien ne peut la leur faire baisser; on ne leur sauroit adresser de compliment plus flatteur que de les comparer à *Béhémoth*, dont il est dit au livre de Job : « sa force est dans » ses reins, il a sa queue comme un » cèdre ».

Homère nous a donné une belle description de leur hardiesse dans l'entreprise et de leur intrépidité dans l'assaut. On peut le peindre par ces mots :

Il étonne, il menace, il écume de rage,
Et s'il tombe, sa chute est due à son courage.

C'est une coutume bien remarquable des originaires du pays du moment qu'ils viennent au monde, ils abandonnent la terre où ils sont nés, et n'y retournent jamais. Ils errent jusqu'à l'âge de quatorze ou quinze ans, alors ils cherchent un autre centre du *Meryland*, et s'en emparent à la première occasion ; mais rentrer une seconde fois dans l'endroit qui leur a donné le jour, est regardé comme un crime affreux ; et la loi le punit sévèrement. On ne connoît qu'un homme qui l'ait osé commettre. Il en devint aveugle.

Lorsqu'on prend possession d'un terrein, l'on observe communément certaines cérémonies singulières : par exemple, on se prosterne la face tournée vers la terre, disant à demi-voix quelque oraison vive, animée, à la louange du sol qu'on a choisi ; ensuite on étend les mains en signe de saisine ou possession ; on y fait passer la charrue, et l'on enfonce le soc dans son sein aussi profondément que l'on peut. Observons que le laboureur est ordinairement porté sur ses genoux, quelques-uns se tiennent debout ; mais l'autre façon est plus généralement reçue.

Une autre chose digne d'attention, c'est la coutume observée chez les gens les plus gais, et qui célèbrent souvent des fêtes amoureuses; lorsqu'ils entament une bouteille, ils commencent par boire à la santé du *Merryland*, et c'est une maxime invariable que si quelqu'un ne boit pas à tasse pleine, il doit être regardé comme mauvais confrère. Pour faire ressouvenir de ce devoir, j'ai vu gravés sur des coupes au-dessous du nom de cette province,

Hic quicumque legis nomen amabile,
Pleno, læto que cyatho salutem bibes;
Sic tibi res amatoriæ prosperæ cedant;
Tua sic coronat vota Cupido.
Vous qui lisez ce nom aimable,
Buvez avec plaisir rasade en son honneur :
Votre amante, à ce prix, vous sera favorable,
L'amour même saura couronner votre ardeur.

Comme il se trouve des habitans dont le génie est cultivé, les arts libéraux y sont en grande réputation. La phillosophie, sur-tout la physique experimentale y est en grand honneur. La médecine et la chirurgie y ont ont aussi beaucoup fleuri. Au sujet du commerce, les grandes richesses qu'un *honnête* négoce attire dans quelques autres provinces, sont une preuve qu'il n'y est point négligé.

Ce Pays a souvent inspiré et même formé un grand nombre d'excellens poëtes, qui, en récompense, ont bien marqué dans leurs ouvrages l'estime et l'amour particulier qu'ils lui portaient, et en ont chanté les louanges avec une reconnaissance digne d'éloge. Un d'eux a dit.

Hic ætatis nostræ primordia novit,
Annos felices, lætitiæque dies,
Hic locus ingenuus pueriles imbuit annos
Artibus, et nostræ laudis origo fuit.
Tandis que nous étions dans cette douce enceinte,
On préparait nos jours de gloire et de bonheur;
Nos talens ébauchés du grand portaient l'empreinte,
Et le double moyen pour les mettre en valeur.

CHAPITRE VI.

Des productions comme poissons, oiseaux, quadrupèdes, plantes, etc.

Quoique le *Merryland* soit arrosé par une belle rivière, il est néanmoins peu abondant en poisson. Cependant lorsqu'un étranger y entre pour la première fois, il s'imaginerait à l'odeur qui le frappe, qu'il y aurait de la morrue séche ou du hareng-soret, ou encore mieux des écrévisses, à peu près comme la rivière de *Tyssa* en Hongrie, dont l'eau sent le poisson qu'on y pêche. Cette odeur au *Merryland* est quelquefois si forte, qu'elle en devient désagréable, sur-tout à la marée montante, mais on n'y voit pas pour cela plus de poissons. Il s'y trouve souvent des espèces de *Crabes* en abondance. Je n'ai jamais entendu dire qu'il y eût d'autre poisson dans le *Merryland*, excepté des *Barbues* et coquillages nommés *Pucelages*, mais ils sont extrêmement rares et difficiles à pêcher, et c'est précisément cette difficulté qui les rend plus précieux pour les personnes d'un goût délicat et recherché. J'ai entendu dire que le maquereau n'y était pas inconnu. Quoi qu'il en soit, la rareté du poisson dans cette partie du monde n'est pas une chose bien affligeante, car la viande y est beaucoup plus flatteuse, et supplée agréablement à ce qui peut manquer en poisson. En fait d'oiseaux, vous y trouverez des *Cocqs*, des *Hoches-queus*, des *Buzzards*, des *Niais*, des *Fous*, en très-grand nombre, des *Mouettes*, des *Coucous*, et plusieurs autres. Quelques chapons ont voulu s'y introduire, mais ils n'ont pu pénétrer bien avant, et ils y sont dans le plus grand discrédit.

Pour bêtes, on y trouve des *ours*, des *ânes*, des *taureaux*. J'ai entendu dire que par fois il y venait des *singes*, des *magots*, des *épagneuls*; mais comme il est peu naturel de les rencontrer là, je crois qu'ils y sont moins communs qu'on ne le dit.

On prétend qu'une reine du *Merryland* avait fait une garenne de sa province, et plusieurs savans comptaient même retirer beaucoup de profit de cette découverte; mais après bien du bruit, tout cela s'est évanoui, et le fait est maintenant révoqué en doute par tous les gens sensés.

Ma mémoire et mes observations ne me fournissent pas beaucoup de choses au sujet du règne minéral et du végétal. Je dirai donc ici simplement ce que je pourrai me rappeller. commençons par le règne minéral.

Le vitriol bleu ou romain s'y trouve quelquefois, mais seulement aux frontières du pays, et dans les provinces dont l'air est mal-sain. On y a découvert des mines d'or et d'argent, ou pour mieux dire toutes les provinces sont de véritables mines d'or et d'argent qui rapportent plus ou moins, selon la faculté de ceux qui les exploitent. On y voit des pierres précieuses; elles sont ordinairement sur la surface du terrein. Elles sont si recherchées, et en quelque façon si nécessaires, qu'on méprise au *Merryland*, et l'on en bannit tous ceux qui n'en ont pas une ou deux qu'ils portent sans cesse avec eux dans leurs bourses, pour s'en servir au besoin; une de leurs propriétés, c'est de contribuer beaucoup à la fertilité du terrein.

Dans l'espèce végétale, on y trouve, par exemple, un doux gazon: la montagne qui domine le *Merryland*, en est sur-tout couverte. La carotte n'y est point étrangère, on s'en sert beaucoup, et elle y est en vogue. Il y a de la marjolaine, du brin d'amour, et d'une certaine plante appellée *capillus Veneris*, ou *capillaire*. On connoît encore bien d'autres espèces dont le nom m'échappe actuellement, et dont on fait un grand profit. Je n'oublierai cependant point cette plante merveilleuse dont la vue seule fait plaisir ; elle ressemble au corail pour la couleur, et a même de ses vertus ; elle est généralement recherchée au *Merryland* : on s'en est servi bien des fois, avec succès, pour adoucir l'humeur des souveraines acariâtres et méchantes ; rien qu'à la leur faire voir, on les changeait entièrement.

Cette plante creuse en dedans, est une espèce de roseau, ou de bois laiteux. Elle rend un suc qui, lorsqu'on le prend intérieurement, cause à bien des personnes une enflure qu'elles ne peuvent faire baisser, qu'après un certain nombre de mois, et avoir beaucoup souffert. Il y en a d'autres qui prennent les doses les plus fortes de cette eau, sans en être incommodées : cela dépend tantôt du tempérament de celles qui boivent la liqueur, tantôt de la liqueur même ; car toutes n'ont pas des qualités semblables, quoiqu'elles sortent de plantes à peu-près pareilles. Ce végétal singulier paroît être de l'espèce sensitive ; mais bien différent des sensitives ordinaires qui se retirent lorsqu'on les touche, même quand ce serait la main délicate d'une jolie femme ; cette plante au contraire s'étend, s'enfle, s'alonge, et semble aller au-devant de la main qui l'approche ; on dirait qu'elle l'invitent à la toucher. Lorsqu'il fait froid, il n'es pas trop aisé de faire lever cette plante, à moins que ce ne soit sur couche.

Malgré l'incommodité que peut occasionner cette plante, elle est généralement reconnue pour un excellent cosmétique ; elle chasse la pâleur, anime les yeux, y fait briller un feu divin dans tous les traits. Elle fait du bien non-seulement aux particuliers, mais encore à des états, à des royaumes entiers. Combien de grands empires se sont bien trouvés de ce que son jus précieux avoit été avalé à propos ! Combien de guerres sanglantes terminées tout-à-coup, de traités de paix conclus par l'heureuse application d'une certaine dose de ce jus inappréciable à quelques femmes ou maîtresses de ministres, d'ambassadeurs, etc. etc. etc.

On pourroit appeller avec justice cette admirable production, *Plante-corail*, à cause de sa ressemblance avec celle-ci par plusieurs endroits. M. *Boyle* nous dit, en parlant de la nature et de la génération du *corail*, qu'il est mou tandis qu'il croît, et n'a la vertu de se multiplier que lorsqu'il est grand et dur. *Kircher* ajoute qu'alors il répand un jus séminal qui, tombant sur un autre corps heureusement disposé par la nature, produit un autre *corail*. On peut dire la même chose mot-à-mot de la plante que nous décrivons.

On trouve au *Merryland* des fleurs en abondance; mais on n'en fait pas grand cas, sans doute à cause de leur peu de beauté. Elles ne sont pas variées dans leurs couleurs. Les rouges et les blanches sont les plus communes. Les premières éclosent douze fois par an, et durent peu de jours; elles disparoissent et cèdent la place aux fruits, lorsque le terrein est prêt d'en porter, c'est-à-dire, huit à neuf mois avant la récolte. On croiroit qu'en ce temps la nature consacre à faire grossir et mûrir le fruit, tout ce qu'elle employoit auparavant à produire la fleur; mais ce n'est nullement notre avis. Quelques naturalistes se sont imaginé que ces fleurs étoient d'une espèce pernicieuse; cette opinion est sujette à contrariété. Observons seulement que si elles ne paroissent pas dans un temps réglé, le pays est ou mal-sain ou fertile. Les fleurs blanches sont la marque d'un terrein efféré; elles viennent assez souvent dans ceux qui ont donné quelques récoltes. Personne n'aime à les voir, les gens délicats ne mettent jamais le pied où elles croissent.

Les manufactures ne sont pas en grande honneur au *Merryland*, si ce n'est celles de quilles, de broches, de chevilles

chevilles et de boules. Notez que dans les magasins il se trouve presque toujours le double de cette dernière espèce contre une des autres; et cela est juste, puisqu'on emploie ordinairement deux boules pour une quille, par la manière dont on joue au *Merryland*.

CHAPITRE VII.
Des raretés, curiosités du pays, etc.

LA grande rivière dont nous avons déjà parlé au chap. V, est vraiment remarquable. Son eau est chaude et saumache; elle n'a pas un cours réglé comme les autres rivières, mais elle s'arrête plusieurs heures par jour par le moyen d'une écluse qui s'élève et s'abaisse sans observer aucun période fixe. Plus elle a été long-temps retenue captive, plus elle coule ensuite avec rapidité. Cette rivière semblable à la *Nesse* en *Ecosse*, et au lac de *Dron-*

E

theim en *Norvège*, ne glace jamais dans le plus grand froid, et ainsi que le fleuve d'*Adonis*, près *Byblus* en *Phénicie*, il y a des temps où ses eaux paroissent toutes rouges, comme encore nous le lisons au journal de *Mandrel*, d'*Alepp* à *Jérusalem*.

Quelques cultivateurs expérimentés ont prétendu connoître à la seule inspection d'une bouteille de l'eau de cette rivière, les propriétés ou les défauts du terrein au bas duquel on l'avoit puisée; la crédulité du peuple a souvent été dupe de ce charlatanisme, on en revient tous les jours : cependant il faut convenir qu'on en peut acquérir quelques lumières générales sur la variation du climat; par exemple, l'eau est-elle trouble ? vous êtes presque assuré d'une grande chaleur intérieure dans le centre et d'une tempête qui se prépare.

Mais quelque claires que puissent être ces eaux, elles ne sont jamais assez pures pour pouvoir servir aux ablutions; au contraire, on s'occupe souvent à laver les bords du lit par où elles ont coulé; on craint d'y tremper même le bout du doigt, et ce n'est qu'avec déplaisir qu'on s'apperçoit en être un peu mouillé.

Le canal, dont on vous a donné connoissance au chap. III, mérite bien aussi d'être rangé au nombre des curiosités du pays, non-seulement à cause de sa singulière profondeur, mais pour une autre particularité non moins surprenante. Différent d'un lac de la Chine, sur lequel on excite des tempêtes en y jettant la moindre chose, on appaise les plus violentes de celui-ci, en y plongeant un rejetton de sept à huit pouces de la plante coralline dont nous avons parlé précédemment. Ce canal répond parfaitement à la description donnée dans l'atlas d'un certain lac près de *Besse* en Brétagne, qui est si profond que la sonde la plus longue n'a pu le mesurer, et près duquel on entend quelquefois sortir d'un trou un bruit semblable au tonnerre.

Nous compterons encore parmi les curiosités du *Merryland*, un petit mont qui lui confine. Semblable aux montagnes de Savoie, lorsqu'il a neigé dessus, il grossit considérablement pendant quelques mois consécutifs, après quoi il diminue subitement, et revient au même état où il était auparavant, à cela près que sa surface est un peu moins unie. Cette augmentation de volume est l'annonce d'un jour qui sera pénible à passer. Bien des gens qui ne tiennent pas leur ferme à bail par devant notaire, prennent l'alarme lorsqu'ils voyent grossir la montagne, quittent ce pays et laissent tranquillement baisser l'enflure ; d'autres moins timides se donnent beaucoup de soins pour ce jour-là, et en font même un jour de fête et de dépenses.

J'aime sur-tout deux autres petites éminences appellées (*a*) T. T. N. S. qui

---

(*a*) Tétons.

sont à égale distance du *Merryland* à droite et à gauche. Elles en sont si voisines, qu'on les regarde comme ses dépendances. Ces deux monticules sont exactement semblables, séparées l'une de l'autre par une jolie vallée. Sur la partie la plus élevée de chacune, vous appercevez un petit espace bombé, dont le sol est communément couleur de rose tendre; au milieu vous trouvez une petite ouverture d'où sort une liqueur salutaire à l'enfance. Ces sources sont souvent à sec, elles ne coulent presque jamais, lorsque la montagne s'enfle, et elles sont sujettes à ses divers changemens; de sorte que ce n'est pas sans raison que les naturalistes ont imaginé qu'il devoit y avoir communication entr'elles. Mais après tout cela, rien ne mérite autant notre attention qu'un petit animal connu sous le nom de *(a). M. m. b. v. r. l.* On le voit

---

(a) Membre Viril.

souvent chercher à plonger dans le grand canal ; c'est l'endroit où il se plaît davantage. Il est si joli, qu'il mérite bien ici une description particulière, quoique nous en ayons déjà parlé, malgré qu'il ne soit pas grand, je puis dire de lui comme du *Léviathan* « je » ne tairai ni ses parties, ni sa belle taille, » ni son pouvoir ; il fait bouillonner la » mer comme un pot ; c'est le roi, le » premier des enfans de l'orgueil ».

Quoiqu'il n'ait ni pieds, ni jambes, la force de ses muscles érecteurs est telle qu'il se dresse facilement sans cela. Le savant médecin et philosophe docteur *Cheyne* semble l'avoir eu en vue, quand il a dit ; » Le corps de l'animal » n'est autre chose qu'un tuyau, une » machine hydraulique remplie d'une » liqueur de même nature que celle que » les parens y ont versée, changée en » grande partie, (peut-être en tout) par » la nature des alimens dont il s'est » nourri ».

Malgré qu'il n'existe que des mâles de cette espèce, ils réussissent cependant assez généralement à la multiplication de leur être. Cela ne peut manquer de paroître étrange à ceux qui, grossièrement enfermés dans la matière, ont une pénétration bornée, qui ne devine rien, est à tout instant embarrassée dans les preuves, et s'en tient à la façon dont nous sommes procrées. Mais que quelqu'un veuille consulter l'auteur déjà cité, il lui prouvera par les régles de la plus parfaite logique, qu'il faut croire qu'autrefois, primordialement, il n'y avoit point de différence de sexe chez les humains ; parce qu'enfin quand les choses seront retournées à leur premier état, il n'y en aura plus, et qu'il est d'ailleurs fort probable que la femelle n'est qu'une seconde intention et comme un appui à un édifice qui menace ruine.

Ces animaux sont de différentes grandeurs ; il n'y a cependant entr'eux que quelques pouces de plus ou de moins. Ceux dont la taille est prodigieuse dans leur espèce, sont très-estimés ; un seul a quelquefois fait la fortune d'un honnête homme par la rétribution qu'il en retiroit, en le montrant comme une pièce curieuse. Les personnes connoisseuses regardent cependant comme les plus vigoureux ceux qui sont de taille moyenne : c'est ainsi que les grenadiers d'un régiment ne peuvent fournir d'aussi longues marches que le reste d'un bataillon qui, ayant les nerfs moins allongés, conserve plus long-temps la force du ressort. Vous m'avouerez cependant qu'un de ces animaux, d'une riche taille, fait du moins bien plaisir à voir, du moins à une moitié du genre humain.

Il est encore à remarquer que ces animaux, soit qu'ils dorment ou veillent, lorsqu'ils ont la tête baissée, diminuent de près des deux tiers en longueur et en grosseur ; ils deviennent flasques et sont alors

alors fort doux. On a peine à croire que ce soient les mêmes qui étoient si fiers aupravant, et avoient un petit air menaçant qui ne leur alloit pas mal. Souvent même on désespère en les voyant dans un si pitoyable abattement, quils n'en puissent jamais revenir ; mais lorsqu'ils sont jeunes, ils ressuscitent au moindre toucher, relevent la tête et font alors grand plaisir, sur-tout aux femmes, par cette contenance majestueuse et imposante.

Qu'il me soit permis de citer encore une fois mon auteur qui dit : « Ce corps » animal divinement organisé, peut être » plié, replié, contracté, resserré dans » une infinité de petits *punctum saliens* » et de miniatures, et par une série pro- » gressive, dans le temps nécessaire, » il se trouve nourri et augmenté des sucs » de la femelle ».

Rien n'est plus ardent à poursuivre sa proie que ces animaux ; lorsqu'ils la découvrent, ils la chassent avec constance, la forcent avec une espèce de fureur. Ils n'ont point d'yeux, mais l'instinct leur suffit pour leur faire enfiler le droit chemin. Ils ont le nez camard; c'est pourtant avec cela qu'ils débouchent plusieurs choses. Tout leur corps est diversement coloré; mais la tête est vermeille et fort douce au toucher; ils la tiennent presque toujours enfoncée dans une espèce de capuchon (dont quelques-uns sont cependant privés) ils ne l'en sortent guères que pour chasser et dévorer leur proie; après quoi ils la retirent comme le limaçon fait rentrer la sienne dans sa coquille, lorsque quelque objet frappe ses cornes. Enfin ils n'ont point d'os et sont tout muscles, cartilages et chair. Leurs glandes expriment une liqueur qui est un spécifique connu pour certaines maladies; et ce remède est si doux à prendre, que le palais le plus délicat le goûte avec plaisir, et n'y sauroit trouver aucune amertume; l'homme le moins expérimenté, un jeune garçon, par exemple, peut l'administrer aux femmes avec le plus grand succès.

Nous venons de traiter le physique du *Merryland*, nous nous flattons que ces détails l'auront assez fait connoître; passons maintenant au moral.

CHAPITRE VIII.

Du gouvernement.

LE gouvernement du *Merryland* est monarchique, ou plutôt despotique au dernier dégré. En *France*, malgré la galanterie de ses habitans, la loi *Salique* exclut les femmes du trône. Ici au contraire, il est toujours leur partage. C'est une reine qui domine sur chaque province, et dont le pouvoir est sans bornes; jamais les tyrans de la *Grèce* et de *Rome* n'ont exigé une plus servile obéissance, une plus aveugle soumission que ces maîtresses impérieuses. Appliquons-leur ce passage d'*Hérodien*, qui dit liv. 4. chap. 3. « Ces maîtres absolus traitoient » leurs sujets en esclaves, tandis que » dans l'orgueil de leurs cœurs ils se » croyoient égaux aux dieux ». En effet, combien de ces reines se regardent comme des divinités, d'après leurs complaisans qui leur en prodiguent souvent le nom, lorsqu'ils en veulent obtenir quelque grace.

Je pourrois rapporter beaucoup d'exemples du pouvoir arbitraire qu'elles exercent impunément; je pourrois parler de leurs conquêtes, des ruses, des moyens adroits pour y parvenir, expliquer comment chaque bataille sert à l'aggrandissement du pays; mais comme je ne prétends faire ici que l'histoire des faits, je n'entrerai la-dessus dans aucun détail.

Quelques-unes de ces reines ont un favori ou premier ministre; tant qu'elles sont contentes de ses talens, elles n'en changent point, et se laissent conduire par lui dans le maintien des affaires: ce sont-là les plus sages. Mais, hélas ! combien en voit-on d'un goût changeant, qui ne se laissent conduire qu'un seul jour par le même ministre, quelques qualités qu'il puisse avoir ; congédient aujourd'hui leurs plus chers favoris pour en prendre demain d'autres ; qui souvent n'ont pas un si gros mérite que les premiers, et cela sans aucune raison, que pour suivre leur humeur inconstante. Ce sont tous les jours de nouveaux caprices qui rendent la place de favori plus sujette à vicissitude dans ces cours déréglées, que celle de grand-visir chez le sultan le plus intraitable.

Le caprice n'est pas toujours la cause de ces changemens répétés. L'insatiable avidité des princesses fait qu'elles forcent leurs ministres en charge à travailler jour et nuit, ils s'épuisent bientôt, n'ont plus la même activité ; des travaux non-interrompus éteignent leur ardeur pour le service journalier, et ces femmes ingrates les disgracient dès-lors qu'elles s'apperçoivent que le dérangement de leur santé ne leur permet plus d'avoir la même application aux affaires, ni de supporter les mêmes veilles; elles oublient même, avec une facilité surprenante, que c'est à leur service que ces malheureux ont usé leur tempéramment.

Des hommes vraiment courageux, d'un mérite reconnu, infatigables comme Hercule, se sont quelquefois chargés seuls de remplir tout ce qu'exigeroit la place dangereuse de favori de ces princesses qui avoient tant d'affaires. Les talens solides et brillans de ces hommes pleins de vertu, étoient souvent très-médiocrement récompensés; ils ne recevoient que de modiques honoraires, d'autres ruinoient ces reines et s'enrichissoient de leurs dépouilles. J'en ai connu qui se faisoient habiller superbement, nourrir avec délicatesse, et par ce moyen se poussoient rapidement dans le chemin de la fortune : mais *gau-deant bene nati*.

La nature envers tous n'est pas si libérale,
Et n'a pas de ses dons fait la mesure égale.

Il est de ces reines, faut-il donc l'avouer ? Oui, sans doute, ma qualité d'historien sincère m'y contraint. Il est, dis-je, de ces reines qui ont reçu de la nature un caractère masculin ; elles aiment à travailler seule à leurs affaires. Elles ne se servent point de ministres ; si elles veulent être aidées dans leurs opérations, elles confèrent alors avec une de leurs voisines, et se secourant mutuellement de leurs conseils, elles vaquent à peu-près à tout ce que leurs provinces exigent d'elles : il y manque cependant toujours quelque chose.

Heliogabale, Sardanapale et Conculix, n'ont jamais eu de plus affreux caractères que ceux dont l'on accuse quelques-unes de nos princesses. Des auteurs grecs et latins ont parlé de leurs infamies dans leurs ouvrages satiriques. Un moderne Juvénal nous a donné, dans une excellente satyre latine, une si vive peinture d'une de ces reines scandaleuses, que je ne puis m'empêcher d'en transcrire ici quatre vers, qui surpassent, selon moi, tout ce que j'ai trouvé à ce sujet chez les anciens et les modernes.

Saga petit juvenes, petit innuptasque puellas,
Vel taurum peteret: veneris quoque mille figuras,
Mille modos meditans, œtas in crimine vires
Daique animos: crescunt anni, crescitque libido.

Saga, pour satisfaire une ardeur insensée,
Chez l'un et l'autre sexe a cherché ses plaisirs:
Toujours l'art de jouir occupa sa pensée,
De Pasiphaé même elle eut tous les désirs.
L'âge accrut pour l'amour sa force et ses idées,
Ses lubriques fureurs ont suivi ses années,
Et la vieille Saga pousse encore des soupirs.

Je dirai peu de choses de ce qui regarde le militaire en ce pays, n'étant pas bien instruit des différens usages: je sais seulement qu'en général les bons soldats y sont estimés et encouragés. Les forces navales y sont aussi considérables et d'une grande utilité. C'est le département de la marine qui fournit les plus ardens travailleurs, lorsqu'ils sont à terre : alors ils s'emploient avec un zèle édifiant, et n'épargnent aucunement leur peine pour le service de la princesse dont le port leur est ouvert.

Je ne doute point que je ne fisse plaisir au lecteur, après lui avoir parlé du civil et du militaire, si je lui glissois un petit mot de l'ecclésiastique ; mais c'est avec un regret infini que je me vois presque dans l'impossibilité de satisfaire sa curiosité. Le clergé est extrêmement discret, et prétend qu'il y a des mistères qu'il ne faut pas révéler aux profanes. Je supplie même qu'on me dispense de rapporter ici plusieurs choses que j'ai sues par hasard, ne voulant point du tout me brouiller avec un corps que je respecte, comme je le dois, et encore à cause des obligations particulières que j'ai à quelques-uns d'entr'eux qui ont beaucoup contribué aux différens plaisirs que j'ai goûté au *Merryland*.

 L'ingratitude est le dernier des vices,
 Lorsque l'on a reçu quelques services,
 Sans doute il faut ne les pas oublier,
 Mais nous devons encore les publier.

  D'après ces principes, nous ne tairons point ceux que ces hommes obligeans nous ont rendu plus d'une fois. Les uns me voyant languir dans une province où je commençois à m'ennuyer, m'ont fait adroitement l'éloge d'une autre, et se sont engagés à m'y conduire ; les autres m'ont appris les différentes manières de labourer un terrein qui m'avoit toujours rendu fort peu, en le cultivant selon la méthode accoutumée. Car, en général, ce sont les gens d'église qui savent, et même ont inventé toutes ces façons diverses, plus agréables les unes que les autres, propres à varier vos plaisirs, et à écarter le dégoût qu'on prend souvent pour le champ qu'on laboure depuis quelque temps.

Je ne dirai donc rien de plus du gouvernement ecclésiastique ; j'observerai uniquement qu'il y a beaucoup d'évêchés qui dépendent des provinces du *Merryland*. Je ne sais ni leur nombre total, ni combien il en relève de chaque souveraineté ; et sur une matière comme celle-ci, le lecteur judicieux sent bien qu'il ne faut point se hasarder : quand au clergé subalterne, on peut assurer qu'il s'y porte en foule.

CHAPITRE IX.

De la réligion du Merryland.

CE n'est pas sans apparence que l'on présume que le christianisme fut connu au *Merryland*, dès l'âge le plus reculé de l'église ; mais à présent on y souffre toutes sortes de réligions et de sectes. L'on peut cependant dire qu'il n'y a pas de pays au monde aussi peu religieux que celui-là.

Le culte des images, l'avouerai-je à la honte du pays dont je parle, est un crime dont les reines du *Merryland* ne sont quelquefois pas exemptes; ces Iconoclastes zélées ont une vénération particuliere pour celle qui ressemble au *corail-plante*, dont nous avons parlé au septieme chapitre. C'est avec un plaisir qui tient de la fureur, qu'elles rendent leurs hommages à ces simulacres grossiers; elles veulent toujours être seules, pour satisfaire leurs dévotion. Elles en saisissent un avec vivacité, et le mettant dans une petite niche, elles commencent leurs cérémonies qui consistent en plusieurs émotions, élans, soupirs, pratiques manuelles, libations, etc. Mais mon aversion pour ce culte idolâtre, m'empêche de le décrire plus particulierement. Il vaut mieux laisser à cet égard le lecteur dans l'ignorance.

On rencontre dans les provinces du *Merryland* beaucoup de missionnaires.

qui travaillent infatigablement à la propagation de la f... Leurs soins sont couronnés de succès, parce qu'ils savent allier des paroles suaves à l'inflexibilité de leur caractère. Quakers, Anabatistes, Hussites, travaillent tous avec zèle, quoique plus sourdement les uns que les autres.

C'est en vérité quelque chose de déplorable de voir tant de diverses sectes au *Merryland*. Ce concours désordonné cause quelquefois aux princesses qui les souffrent dans le sein de leurs états, des chagrins bien cuisans et des maux sans remèdes. Elles ont cependant toutes en commun ce verset des prières de l'église, et se réunissent pour dire » fortifiez-nous, aidez notre foiblesse, » et soutenez élevé ce qui voudroit » tomber ».

CHAPITRE X.

De la langue du Merryland.

CE que M. *Gordon* dit du langage du *Japon* peut être appliqué justement à celui du *Merryland* : c'est une langue polie, fertile, abondante en synonimes expressifs, qu'on emploie suivant la nature du sujet que l'on traite, la qualité, l'âge, le sexe de la personne qui parle, ou de celle à qui l'on adresse la parole. Quelque varié que soit cet idiôme, bien des gens ne s'en servent point, et savent exprimer leurs pensées énergiquement par leurs yeux et leurs gestes, et cette dernière façon plaît souvent mieux aux souveraines du *Merryland* que les phrases les plus choisies ; pour confirmer ceci, je renvoie le lecteur à ces paroles d'un savant auteur.

» Mirantur oculi, adamant, concu-

» piscunt, amoris, iræ, furoris, mi-
» sericordiæ ultionis indices sunt, au-
» daciâ prosiliunt; in reverentiâ sub-
» sident, in amore blandiuntur, in dio
» afferantur, gaudente animo hilares
» subsident, in cogitatione ac curâ
» quiescunt, quasi cum mente simul in-
» tenti, etc ».

Pour animer davantage ce silence et le rendre encore plus énergique, ils remuent la langue et les lèvres d'une certaine façon qui enchante, sans prononcer aucun mot, ni former d'autre son qu'un ravissant murmure; ce qui fait beaucoup plus de plaisir que les plus belles fleurs de réthorique.

Il est fâcheux que personne ne nous ait encore donné une grammaire de cette langue avec les différens idiômes de chaque province : ce seroit un ouvrage très-précieux, et que je regrette beaucoup de ne pas voir exécuté par quelque savant de réputation.

CHAPITRE XI.

Des mouvances, redevances, etc.

Il y a, peut-être, autant de sortes de mouvances et de redevances dans le *Merryland* que dans quelqu'autre pays du monde, et il seroit aussi difficile qu'inutile de les distinguer ou nombrer ici. Les terreins qu'on occupe sont sujets, les uns à la taille spéciale, d'autres à la générale. Les uns sont fiefs de *Haubert* ou tenus noblement ; les autres fiefs roturiers : on en prend quelques-uns à ferme seulement pour le temps qu'on s'y plaît. D'autres sont tenus par un bail à vie. Ces derniers sont les plus communs, et quoique ce soit une façon gênante, c'est cependant celle que la loi autorise le plus.

La manière dont on prend un terrein à bail perpétuel, et les circonstances qui

qui accompagnent cette action, sont assez singulières pour que nous en fassions un objet de remarque. Quand un homme a résolu de prendre une ferme, il demande d'abord l'agrément du propriétaire et de tous ceux qui pourroient y avoir quelques droits. Toutes choses convenues, on publie à haute voix, dans une nombreuse assemblée, le nom, les qualités de l'acquéreur, et ce qui peut désigner particulièrement la ferme qu'il veut occuper, afin que les oppositions au marché, s'il doit y en avoir, aient le temps de se former. Les principales qui puissent se rencontrer, sont par exemple, si la ferme avoit été louée auparavant à quelqu'un qui vivroit encore, ou si le futur fermier avoit déjà quelqu'autre ferme sur les bras, car on ne doit pas en avoir plusieurs à la fois, ou s'il étoit incapable de gérer son bien et dans l'impuissance d'exploiter la ferme proposée.

Si après un délai convenable, il ne

se découvre aucune opposition valide, le bail se passe ainsi. Les gens qui ont coutume de remplir ces fonctions, après avoir lu une courte exposition des titres et qualités du fermier, lui demandent d'avouer, en vérité, s'il ne connoît pas lui-même quelque empêchement légal, et s'il veut réellement prendre une ferme, s'il consent à la garder bonne ou mauvaise toute sa vie, renonçant d'avance aux bénéfices qu'il pourroit faire sur d'autres qui seroient à sa bienséance. L'homme ayant répondu d'une manière satisfaisante à tous ces différens articles, alors la personne préposée bénit l'entreprise, prie pour qu'elle ait un heureux succès, et disant une chanson, elle expose le bonheur à venir du fermier et les fruits de la fécondité de la terre. La cérémonie achevée, l'homme prend possession de sa ferme, la parcourt rapidement, et s'arrêtant pour l'ordinaire au milieu, il travaille jusqu'à ce que le sommeil le surprenne; et dans quelque saison que ce soit, il continue son labeur avec tant d'ardeur pendant quelques jours, qu'enfin il est obligé de se donner relâche.

Ces fermes à bail éternel ont été la ruine de bien des fermiers. Beaucoup de gens inconsidérés prennent de tels engagemens sans penser aux suites, et sans avoir acquis une connoissance suffisante de la ferme dont ils veulent se charger; de sorte qu'ils trouvent souvent une terre ingrate qui leur donne bien sujet de se répentir de leur marché; mais ce malheur est sans reméde, et ne peut recevoir que de vains palliatifs : ces inconvéniens ont détourné bien du monde de prendre de ces baux à perpétuité : d'autres se croyant grévés dans leur indissoluble marché, deviennent de mauvaise humeur, négligent le labour de leur terre, et même abandonnent entièrement le soin de la ferme, et vont en occuper une autre, mais clandestinement.

Ceux qui ne se sentent pas le courage de prendre des fermes aux conditions ci-dessus, en louent sans terme fixe, à tant tenu, tant payé, et les quittent librement quand ils en sont ennuyés. Ces biens-là sont rarement sans maître, sur-tout si l'exposition en est agréable, l'air serein, le sol ferme, la maison bien ornée, jolie quoique petite, et les alentours rians.

On trouve dans cet empire beaucoup de grands cantons qui sont communs, où une multitude de laboureurs travaillent et donnent en passant quelques coups de bêche, mais ils sont si mauvais qu'ils ne rapportent que des fruits pernicieux : n'en parlons pas davantage, et gémissons seulement qu'il puisse exister des gens assez fous pour les rechercher de préférence.

Un autre inconvénient des fermes du *Merryland*, c'est l'impossibilité de les enclore si bien qu'on en défende l'entrée à des voisins alertes, qui veillent toujours pour saisir le premier moment favorable à une invasion. Il est assez surprenant que dans un pays où l'on rencontre beaucoup de communes et à bon marché, on soit si curieux de pénétrer dans l'enclos de son voisin qui nous est défendu, au risque d'être puni sévèrement, si l'on étoit pris sur le fait, car la loi y est formelle.

CHAPITRE XII.

Du port, des bayes, criques, bancs, rochers et autres endroits dangereux, avec une note des marées et divers courans; enfin des guides pour que les marins étrangers puissent se conduire sûrement en voulant mouiller au Merryland.

CE ne seroit plus vouloir finir que de nommer toutes les bayes, ou de marquer tous les rochers qui se trouvent avant d'entrer au port du *Merryland*; mais je donnerai seulement au lecteur les meilleures instructions possibles, pour le piloter dans cette charmante contrée, en lui décrivant avec exactitude les deux chemins qu'on tient le plus souvent pour y arriver, laissant néanmoins à chacun la liberté de choisir celui qui lui plaira davantage.

Ceux qui prennent le chemin haut, rencontrent d'abord le continent; il le dépassent promptement, et saluent le fort; quelquefois ils y paient un droit, d'autres vont plus avant, sans rien donner; ensuite, si le vent est favorable, ils gouvernent le long du rivage où règne ordinairement bonne brise, et s'il ne s'élève point de tempête, ils entrent avec la marée, et mouillent hardiment au port; mais si le temps est orageux et la marée contraire, il vaut mieux mettre en travers, jusqu'au calme et apparence de bon vent. Il ne faut cependant pas être découragé par les petites bourasques qui s'élèvent de temps en temps, car quelques violentes qu'elles vous paroissent, elles cessent bientôt après, sans avoir causé de dommages, et même en est-il quelques-unes qui vous font arriver plus vîte, et vous facilitent l'entrée.

Lorsqu'on prend la route d'en-bas, il faut gouverner bien droit, le rivage étant resserré à bas-bord; mais le courant vous porte directement dans le port. Quelque route que l'on choisisse, il faut être pourvu d'une excellente flèche: j'ai connu des gens qui n'ont pu achever leur voyage, et, sur le point de surgir au port, se sont trouvés contraints d'y renoncer, par le défaut de leur instrument qui se trouvoit hors d'état de servir, précisément dans l'occasion décisive.

Il faut aussi faire de fréquentes observations, et ne point craindre sa peine, pour sonder souvent, ainsi que dit M. *Collin* dans son pilote-côtier : » Il faut

» principalement prendre garde aux
» marées qui souvent vous nuisent, et
» avoir l'art d'en profiter ; car, lorsque
» vous avez la voile serrée sur le vent,
» et que la marée contraire vient à vous
» prendre, vous tombez alors trop au-
» dessous du vent ». Le même auteur
observe ailleurs que la marée vous fait
entrer promptement, quand il y a calme
et peu de vent : quoiqu'en général, au
Merryland, les marées vous soient fa-
vorables, et vous poussent au port,
notez qu'il y a un temps, une fois par
mois, où elles deviennent rouges pendant plusieurs jours, et alors on n'entre
pas ; il se trouve cependant des gens
peu scrupuleux, qui viennent mouiller
au port, quand elles sont les plus hautes.

Au lieu de prendre l'un ou l'autre de
ces deux chemins, certaines personnes
en cherchent quelquefois d'autres dé-
tournés. Je ne les condamne, ni ne les
approuve : je pense seulement que c'est
plutôt pour varier, que parce que ces

sentiers

sentiers soient réellement plus commodes.

Des pilotes expérimentés nous ont enseigné beaucoup de voies différentes, pour parvenir heureusement au *Merryland*; entr'autres, l'ingénieux marin, M. *Nitéra (a)*, a publié plusieurs descriptions géographiques, avec gravures, relatives à ce sujet intéressant; j'y renvoie le lecteur, plutôt que d'allonger ce chapitre. D'ailleurs, je ne crois pas bien nécessaire de donner tant d'instructions, la route étant si aisée, qu'un aveugle la trouveroit, pourvu qu'il y eût déjà passé une ou deux fois; et s'il venoit à s'égarer, il auroit au besoin dix guides au lieu d'un, qui le remettroient en son chemin, car il y en a toujours là de prêts à obliger les étrangers, ainsi qu'il m'est arrivé à moi-même dans ma première jeunesse, lorsque je n'étois pas encore bien expert. Quand nos marins approchent des côtes,

---

(*a*) Arétin.

ils diminuent de voiles la nuit, de peur d'échouer sur le rivage et attendent le jour pour mouiller, précaution prudente qu'on ne sauroit blâmer; mais lorsqu'on voyage au *Merryland*, c'est toute autre chose; l'on n'a point à redouter l'obscurité, au contraire elle vous favorise, et vous arrivez au port souvent plus sûrement qu'en plein jour.

Finissons par un dernier avis bien essentiel. Prenez sur-tout garde de mouiller dans un mauvais ancrage: il y en a beaucoup de si dangereux, qu'ils ont bientôt gâté le meilleur cable. Ceux d'une couleur jaunâtre, ou grise, ne sont pas selon moi, bien à rechercher; les bruns méritent la préférence; mais comme la plupart des navigateurs n'ont pas le choix libre, il faut qu'ils se contentent de ceux qu'ils peuvent aborder.

Maintenant que j'ai conduit mon lecteur jusqu'au port du *Merryland*, je souhaite qu'il s'y plaise autant que moi. je lui ai donné une assez riante perspective de cette délicieuse contrée, et j'ai tâché de l'y mener sûrement, en l'avertissant prudemment des coups de mer, tempêtes écueils, etc. Je serai trop récompensé de mon travail et des peines que j'ai prises pour mettre de l'exactitude dans ce petit traité, ce qui n'a pu se faire que par un grand nombre d'expériences, s'il fait en ce pays charmant de fréquens et d'heureux voyages qui le comblent, non de richesses, ce souhait est trop commun et trop financier, mais d'inexprimables plaisirs.

FIN.

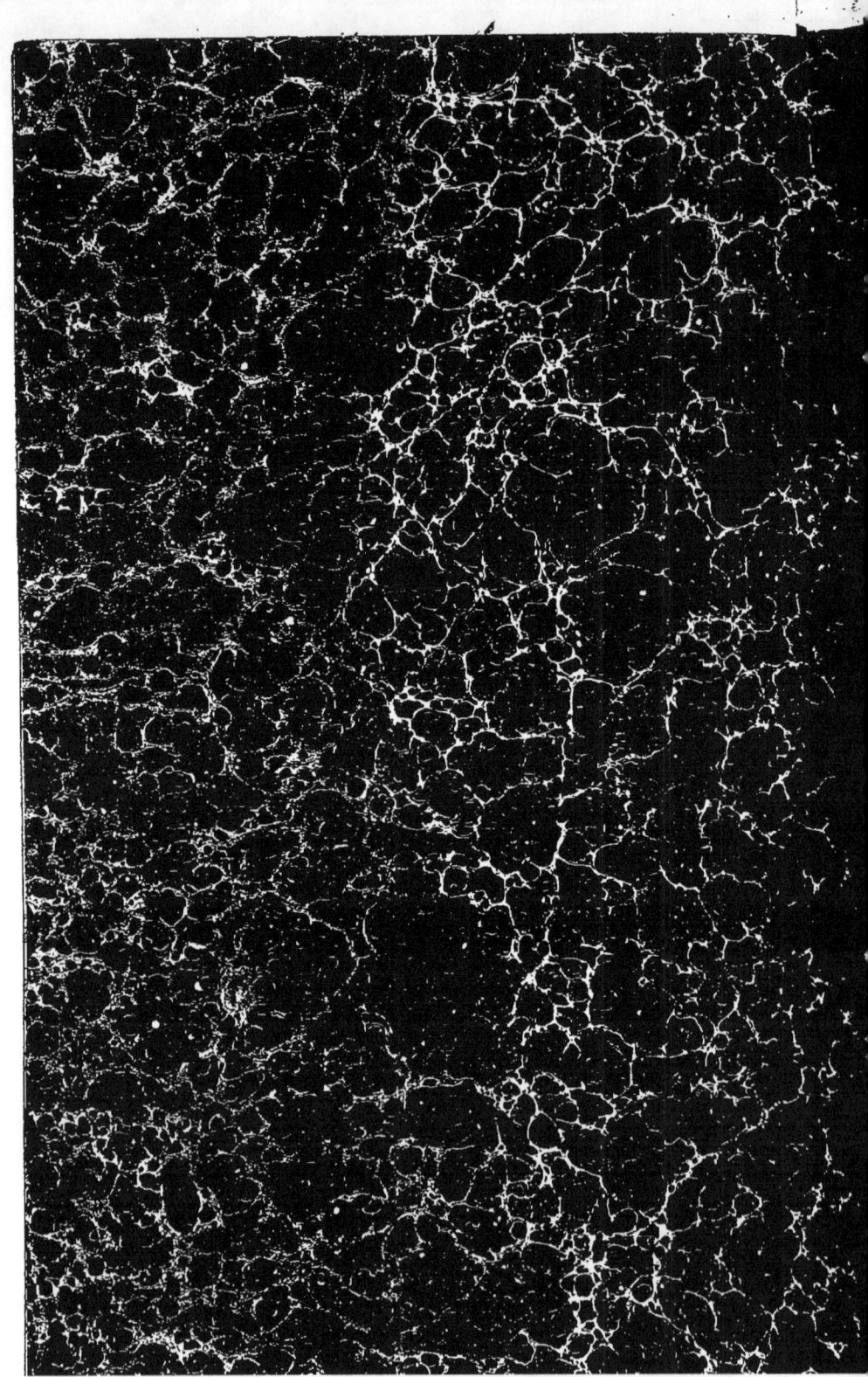

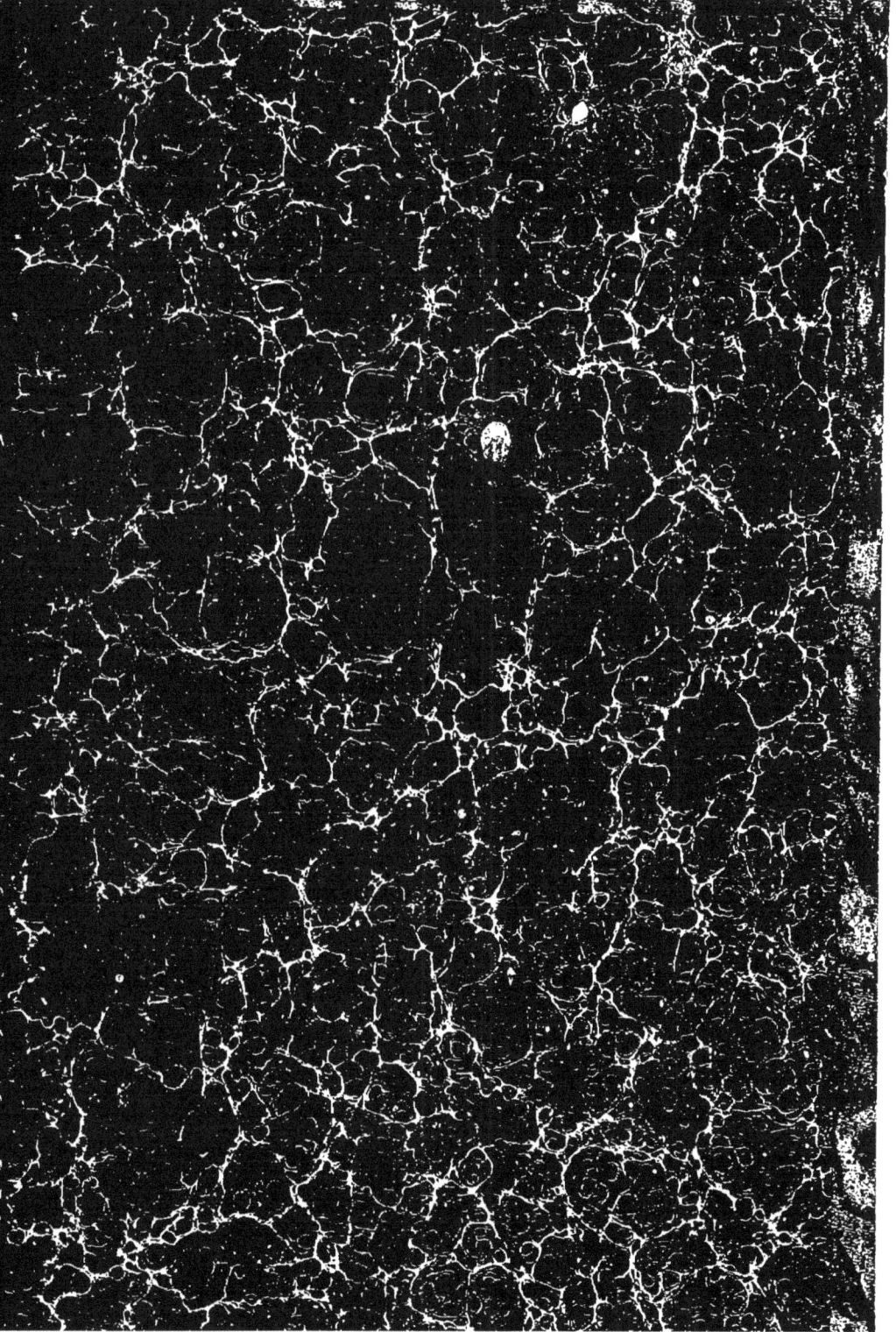

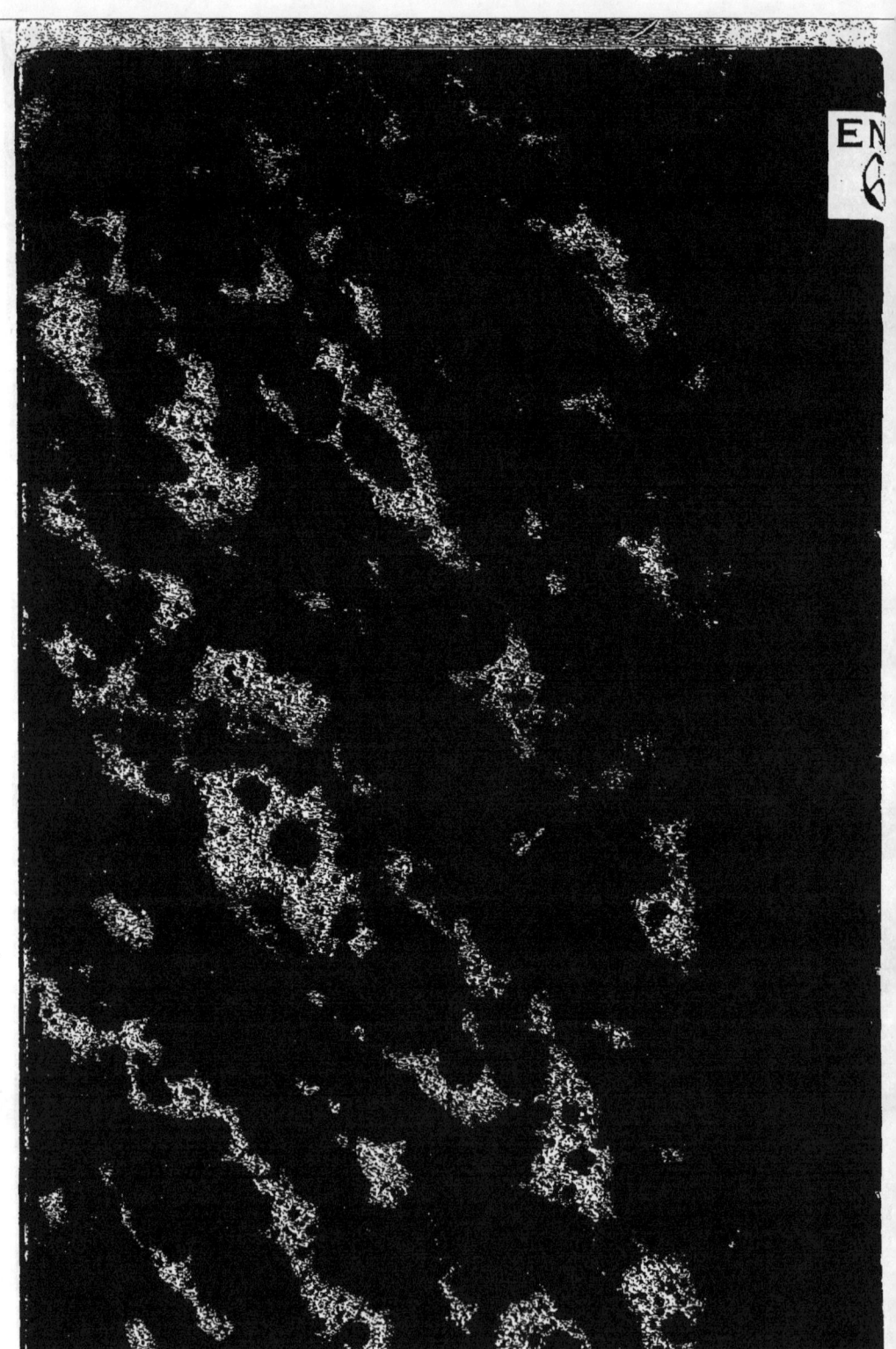

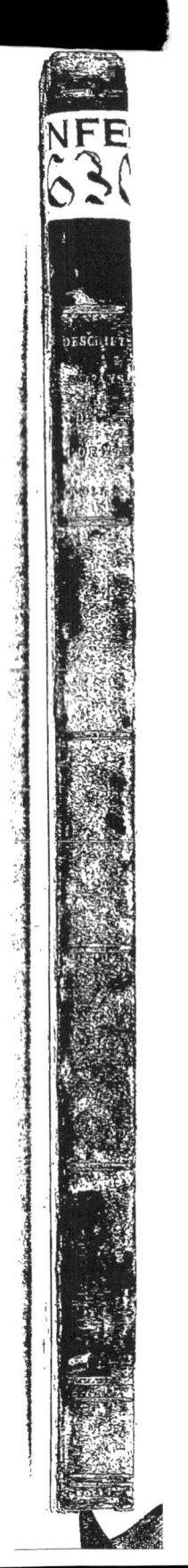

www.ingramcontent.com/pod-product-compliance
Lightning Source LLC
Chambersburg PA
CBHW070317100426
42743CB00011B/2460